Paramahansa Jogananda
(1893–1952)

PARAMAHANSA JOGANANDA

VEIKSMES LIKUMS

———

Gara spēka izmantošana,
lai iegūtu veselību,
labklājību un
laimi

Self-Realization Fellowship
FOUNDED 1920 BY PARAMAHANSA YOGANANDA

PAR ŠO GRĀMATU: *Veiksmes likums* pirmo reizi tika publicēts kā brošūra 1944. gadā Pašrealizācijas biedrībā un kopš tā laika ir nepārtraukti pārpublicēts. Tā ir tulkota daudzās valodās.

Oriģinālais nosaukums angļu valodā, kas publicēts
Self-Realization Fellowship, Los Angeles, California:
The Law of Success

ISBN 13: 978-0-87612-150-4
ISBN 10: 0-87612-150-4

Tulkots latviešu valodā: Self-Realization Fellowship

Copyright © 2019 Self-Realization Fellowship

Authorized by the International Publications Council of
Self-Realization Fellowship

Self-Realization Fellowship nosaukums un emblēma (redzama iepriekš) attēlota uz visām SRF grāmatām, ierakstiem un citiem izdevumiem, garantējot lasītājam, ka darbs radīts kopienā, kuru izveidojis Paramahansa Jogananda un precīzi pauž viņa mācības.

Pirmais izdevums latviešu valodā, 2019
First edition in Latvian, 2019

Šis izdevums: 2019
This printing: 2019

ISBN-13: 978-0-87612-794-0
ISBN-10: 0-87612-794-4

1483-JT05141

Visgudrākais ir tas, kurš meklē Dievu.
Visveiksmīgākais ir tas, kurš ir atradis Dievu.

Paramahansa Jogananda

DIŽENS
JAUNAIS

———

Dziedi dziesmas, kuras vēl neviens nav
  dziedājis,

Domā domas, kuras nevienam nav ienākušas
  prātā,

Staigā ceļus, kurus neviens nav vēl ieminis,

Lej asaras tā, kā neviens nav lējis tās par
  Dievu,

Sniedz mieru visiem, kam neviens cits to nav
  devis,

Sauc par savējo to, kurš visur ticis atraidīts,

Mīli visus ar mīlestību, kādu neviens nav
  jutis, un drosmi

Dzīves cīņā ar spēku neiegrožotu.

MANS DIEVIŠĶAIS
MANTOJUMS KOPŠ
DZIMŠANAS

Kungs radīja mani pēc Sava tēla un līdzības. Es vispirms meklēšu Viņu un pārliecināšos par reālo kontaktu ar Viņu. Tad, ja tā būs Viņa griba, lai viss - gudrība, pārpilnība, veselība - tiek pievienots kā daļa no mana dievišķā mantojuma.

Es gribu veiksmi bez ierobežojuma. Ne no pasaulīgiem avotiem, bet no Dieva visu piederošajām, visvarenajām, pārpilnības rokām.

VEIKSMES LIKUMS

Vai ir tāds spēks, kas var atklāt slēptās bagātību āderes un dārgumus, kuri mums nekad pat sapņos nav rādījušies? Vai ir tāds spēks, ko mēs varam piesaukt, lai gūtu veselību, laimi un garīgo apgaismību? Indijas svētie un viedie māca, ka pastāv šāds spēks. Viņi ir pierādījuši patiesu principu efektivitāti, kas darbosies arī tavā labā, ja tu dosi tiem objektīvu iespēju.

Tavi panākumi dzīvē nav atkarīgi vienīgi no tavām spējām un apmācības, tie ir atkarīgi arī no tavas apņēmības izmantot iespējas, kuras tev ir sniegtas. Iespējas dzīvē nerodas nejauši, tās jārada. Tu pats, tagad vai agrāk (arī bijušajās dzīvēs), esi radījis visas iespējas, ko sastopi savā ceļā. Tā kā tu esi tās nopelnījis, izmanto tās pēc iespējas labāk.

Ja tu izmanto visus pasaulē pieejamos

līdzekļus, kā arī savas dabiskās spējas, lai pārvarētu katru šķērsli savā ceļā, tad tu attīsti spēku, kuru Dievs tev ir devis – neierobežotu enerģiju, kas plūst no tavas būtības visdziļākajiem spēkiem. Tev piemīt domas spēks un gribasspēks. Izmanto pilnībā šīs dievišķās dāvanas!

DOMAS SPĒKS

Tu piedzīvo veiksmi vai neveiksmi, atkarībā no savu domu ierastā virziena. Kas ir stiprāks tevī - veiksmes domas vai domas par neveiksmi? Ja tavs prāts parasti ir negatīvi noskaņots, gadījuma rakstura pozitīva doma nav pietiekama, lai piesaistītu panākumus. Bet, ja tu domā pareizi, tu atradīsi savu mērķi, pat tad, ja tu šķietami esi ietīts tumsā.

Vienīgi tu esi atbildīgs par sevi. Neviens cits

nevar atbildēt par taviem darbiem, kad pienāk
norēķinu brīdis. Tavu darbu šajā pasaulē -
jomā, kur tava karma, tava paša pagātnes dar-
bība ir tevi nolikusi - var paveikt tikai viens
cilvēks – tu pats. Un tavu darbu iespējams no-
saukt par veiksmīgu tikai tad, ja tas kaut kādā
veidā kalpo taviem līdzcilvēkiem.

Atbrīvojies no nemitīgas problēmas pārska-
tīšanas savās domās. Ļauj tai brīžiem atpūsties
un tā, iespējams, pati atrisināsies, bet raugies,
lai *tu* neatpūstos tik ilgi, līdz tava spēja spriest
izzūd. Drīzāk, izmanto šo atpūtas laiku, lai ie-
gremdētos dziļi savas iekšējās būtības miera
ostā. Saskaņots ar savu dvēseli, tu būsi spējīgs
domāt pareizi par visu, ko dari; un, ja tavas do-
mas vai darbības bija nomaldījušās, tās atkal
var tikt sakārtotas. Šo dievišķās saskaņošanās
spēku var sasniegt ar praktizēšanu un centie-
niem.

GRIBA IR ĢENERATORS

———

Lai tu būtu veiksmīgs, līdztekus pozitīvai domāšanai, tev vajadzētu izmantot gribasspēku un nepārtrauktu darbošanos. Katra ārēja izpausme ir rezultāts gribai, bet šis spēks ne vienmēr tiek izmantots apzināti. Ir mehāniskā griba, kā arī apzinātā griba. Visu tavu spēku ģenerators ir griba jeb gribasspēks. Bez gribas tu nevari staigāt, runāt, strādāt, domāt, vai just. Tāpēc gribasspēks ir dzenulis visām tavām darbībām. (Lai neizmantotu šo enerģiju, tev vajadzētu būt pilnīgi neaktīvam gan fiziski, gan garīgi. Pat tad, kad tu pakustini savu roku, tu izmanto gribasspēku. Nav iespējams dzīvot neizmantojot šo spēku.)

Mehāniskā griba ir gribasspēka neapzināta izmantošana. Apzinātā griba ir dzīvības spēks, kas pavada apņēmību un pūles, ģenerators, kurš būtu saprātīgi jāvada. Kad tu apmāci sevi, izmantot apzināto, nevis mehānisko gribu, tev vajadzētu arī pārliecināties, ka tavs gribasspēks tiek izmantots nevis kaitīgos nolūkos vai arī kaut kā bezjēdzīga iegūšanai, bet konstruktīvi.

Lai izveidotu dinamisku gribasspēku, apņemies veikt dažas lietas dzīvē, par kurām tu domāji, ka nespēj izdarīt. Vispirms izmēģini vienkāršus uzdevumus. Kad tava pārliecība nostiprinās un tava griba kļūst dinamiskāka, tad tu vari tiekties pēc augstākiem sasniegumiem. Kad esi pārliecināts, ka esi izdarījis labu izvēli, tad atsakies pieņemt jebkuru neveiksmi. Veltī visu savu gribasspēku, lai vispirms paveiktu kaut ko vienu, tikai pēc tam sāc jaunu lietu. Neizkliedē savu enerģiju, nedz atstāj kaut ko pusdarītu.

TU VARI NOTEIKT LIKTENI

———

Prāts ir visa radītājs. Tāpēc tev to vajadzētu virzīt tā, lai tas radītu tikai labu. Ja tu pieķeries noteiktai domai ar dinamisku gribasspēku, rezultātā tā pieņem reālu ārējo formu. Tad, kad tu vienmēr esi spējīgs izmantot savu gribu vienīgi konstruktīviem mērķiem, tu kļūsti *sava likteņa noteicējs*.

Es tikko minēju trīs svarīgus veidus, kā padarīt savu gribu dinamisku: (1) izvēlies vienkāršu uzdevumu vai mērķi, kuru tu nekad neesi paveicis un izlem tajā gūt panākumus; (2) esi pārliecināts, ka tu esi izvēlējies kaut ko konstruktīvu un sasniedzamu, pēc tam atsakies pieņemt neveiksmi; (3) koncentrējies uz vienu mērķi, izmantojot visas prasmes un iespējas sasniegt to.

Bet tev, saskaņā ar savas iekšējās būtības miera ostu, vienmēr jābūt pārliecinātam, ka tas, ko vēlies iegūt, ir piemērots tieši tev, un saskan ar Dieva mērķiem. Tad tu vari izmantot visu savas gribas spēku, lai sasniegtu savu mērķi; vienmēr saglabājot koncentrētu prātu uz domām par Dievu - visa un visu sasniegumu spēka Avotu.

BAILES IZSMEĻ DZĪVĪBAS ENERĢIJU

———

Cilvēka smadzenes ir dzīvības enerģijas krātuve. Šī enerģija tiek nemitīgi izmantota muskuļu kustībās, sirds, plaušu un diafragmas darbībā, šūnu vielmaiņā un asins ķīmiskajos procesos, kā arī impulsu vadīšanā pa senoriskajiem un kustību nerviem, tas ir nervu sistēmas darbības nodrošināšanā. Bez tam, milzīgs daudzums dzīvības enerģijas ir nepieciešams visos domu, emociju un gribas procesos.

Bailes izsmeļ dzīvības enerģiju, tās ir vienas

7

no lielākajiem ienaidniekiem aktīvam gribasspēkam. Bailes rada dzīvības spēku zudumu, kas parasti plūst vienmērīgi pa nerviem, un nervi paši kļūst it kā paralizēti, visa ķermeņa vitalitāte tiek pazemināta. Bailes nepalīdz tev tikt prom no baiļu objekta, tās tikai vājina tavu gribasspēku. Bailes liek smadzenēm nosūtīt kavējošu ziņu visiem ķermeņa orgāniem. Tās sažņaudz sirdi, apdraud gremošanas funkcijas un izraisa daudzus citus fiziskus traucējumus. Kad apziņa tiek koncentēta uz Dievu, tev nebūs baiļu, katrs šķērslis tiks pārvarēts ar drosmi un ticību.

"Vēlēšanās" ir *vēlme bez enerģijas*. Pēc vēlēšanās var nākt "nodoms" - plāns darīt kaut ko, lai izpildītu vēlēšanos vai iegribu. Bet "griba" nozīmē: "Es *rīkojos,* līdz iegūstu, ko vēlos." Kad tu vingrini savu gribasspēku, tu atbrīvo dzīvības enerģijas spēku – tu nevari sasniegt mērķi, ja tu vienkārši pasīvi gribi.

NEVEIKSMĒM VAJADZĒTU ROSINĀT APŅĒMĪBU

———

Pat neveiksmēm būtu jādarbojas kā stimuliem uz tavu gribasspēku un tavu materiālo un garīgo izaugsmi. Ja tev nav izdevies kāds projekts, ir lietderīgi izanalizēt katru faktoru dotajā situācijā, lai novērstu visas iespējas, kurās nākotnē tu varētu atkārtot tās pašas kļūdas.

Neveiksmes gadalaiks ir labākais laiks panākumu sēklas sējai. Apstākļu runga var sasist tevi, bet turi savu galvu paceltu. Vienmēr mēģini *vēlreiz*, nav svarīgi, cik reižu tu esi cietis neveiksmi. Cīnies pat tad, kad tu domā, ka nespēj ilgāk cīnīties, vai, kad domā, ka jau esi darījis visu iespējamo, vai arī, kamēr tavas pūles ir vainagojušās ar veiksmi. Mazs stāsts padarīs šo domu skaidrāku.

A un B cīnījās. Pēc ilga laika A sev teica: "Es

vairs nevaru turpināt." Bet B domāja: "Tikai vēl vienu dunku," viņš iedunkāja A, un A nokrita. Tev jābūt kā tam, kurš dod pēdējo dunku. Izmanto gribas neuzvaramo spēku, lai pārvarētu visas grūtības dzīvē.

Atkārtoti pūliņi pēc neveiksmes atnes patiesu izaugsmi. Bet tiem jābūt labi plānotiem un uzlādētiem ar pieaugošu uzmanības intensitāti un ar dinamisku gribasspēku.

Pieņemsim, ka tu līdz šim esi piedzīvojis neveiksmi. Tas būtu muļķīgi- atteikties no cīņas, pieņemot neveiksmi kā "likteņa" lēmumu. Ir labāk mirt cīniņā, nekā atmest savus centienus, kamēr vien vēl ir iespēja sasniegt kaut ko vairāk; tāpēc, pat tad, kad nāve nāk, tavi cīniņi drīz būs jāatsāk atkal citā dzīvē. Veiksme vai neveiksme ir tikai rezultāts tam, ko tu esi darījis pagātnē, *plus* tas, ko tu dari tagad. Tātad tev vajadzētu stimulēt visas veiksmes domas no iepriekšējām dzīvēm, līdz tās ir atdzimušas un tās spēj novirzīt visus neveiksmes uzplūdus šajā dzīvē.

Veiksmīgam cilvēkam varbūt ir bijis vairāk nopietnu grūtību, ar kurām jācīnās, nekā tam, kurš ir neveiksmīgs, bet veiksmīgais visu laiku vingrina pats sevi noraidīt domu par neveiksmi. Tev vajadzētu vērst savu uzmanību no neveiksmes uz panākumiem, no uztraukuma uz rāmumu, no prāta klejojumiem uz koncentrēšanos, no nemiera uz mieru, un no miera uz iekšējo dievišķo svētlaimi. Kad tu sasniegsi šo pašrealizācijas stāvokli, tavas dzīves mērķis būs brīnišķi sasniegts.

PAŠANALĪZES NEPIECIEŠAMĪBA

———

Vēl viens attīstības noslēpums ir pašanalīze. Pašanalīze ir spogulis, kurā var redzēt sava prāta dziļumus, kuri pretējā gadījumā paliktu tev

11

apslēpti, diagnosticēt savas neveiksmes un pār-
skatīt savas labās un sliktās noslieces. Analizēt
to, kas tu esi, kas tu vēlies būt un kādi trūkumi
tevi kavē. Izlem sava patiesā uzdevuma būtību
- savu misiju dzīvē. Centies veidot sevi par to,
kam tev vajadzētu būt, un par to, kas tu vēlies
būt. Kad tu domā par Dievu un saskaņo sevi ar
Viņa gribu, tu virzies uz priekšu savā attīstības
ceļā aizvien pārliecinošāk un pārliecinošāk.

Tavs galamērķis ir atrast savu ceļu atpakaļ pie
Dieva, bet tev ir arī uzdevums- darboties ārējā
pasaulē. Gribasspēks, apvienojumā ar iniciatīvu,
palīdzēs tev atpazīt un izpildīt šo uzdevumu.

INICIATĪVAS RADOŠAIS SPĒKS

———

Kas ir iniciatīva? Tā ir radoša spēja tevī, Bez-
galīgā Radītāja dzirksts. Tā var dot tev spēku ra-
dīt kaut ko, ko neviens cits nekad nav radījis. Tā

mudina tevi darboties jaunā veidā. Personas, kurai piemīt iniciatīva, sasniegumi var būt tikpat iespaidīgi kā krītoša zvaigzne. Acīmredzami, ka radot kaut ko no nekā, šis cilvēks parāda, ka šķietami neiespējamais var kļūt iespējams, izmantojot Gara lielo izgudrojuma spēku.

Iniciatīva dod iespēju brīvi un neatkarīgi nostāties uz savām kājām. Tā ir viena no veiksmes pazīmēm.

SASKATĪT DIEVA TĒLU VISOS CILVĒKOS

———

Daudzi cilvēki attaisno savus trūkumus, taču skarbi izvērtē citus. Mums vajadzētu tieši pretēji - attaisnot citu nepilnības un skarbi izskatīt mūsu pašu.

Dažreiz ir nepieciešams analizēt citus cilvēkus;

šajā gadījumā ir svarīgi atcerēties, ka jāsaglabā spēja spriest objektīvi. Objektīvs prāts ir kā skaidrs spogulis, kuru tur nekustīgi, nesvārstot ar pārsteidzīgiem spriedumiem. Jebkura persona, atspoguļota šajā spogulī, parādīsies nesagrozītā veidā.

Iemācies redzēt Dievu visos cilvēkos, neatkarīgi no rases vai reliģiskās pārliecības. Tikai tad tu uzzināsi, kas ir dievišķā mīlestība, kad sāksi sajust savu vienotību ar katru cilvēcisko būtni, nevis pirms tam. Kopīgi kalpojot, mēs aizmirstam par savu mazo „es" un ieskatāmies kādā neizmērojamā esībā, Garā, kas apvieno visus cilvēkus.

DOMĀŠANAS IERADUMI
KONTROLĒ TAVU DZĪVI

———

Veiksme tiek paātrināta vai aizkavēta, atkarībā no taviem paradumiem.

Tavu dzīvi vairāk kontrolē tavi ikdienas domāšanas paradumi, nekā tavas garām skrejošās iedvesmas vai spožās idejas. Domāšanas paradumi ir garīgi magnēti, kas pievelk tev noteiktas lietas, cilvēkus un apstākļus. Labi domāšanas ieradumi ļauj tev piesaistīt priekšrocības un iespējas. Slikti domāšanas ieradumi piesaista tevi materiāli domājošiem cilvēkiem un nelabvēlīgai videi.

Vājini sliktu ieradumu, novēršot visu, kas to radījis vai stimulējis, nekoncentrējies uz to savā pārlieku lielā centībā izvairīties no tā. Pēc tam novirzi savu prātu uz kādu labu ieradumu un pastāvīgi attīsti to, līdz tas kļūst par pilnvērtīgu daļu no tevis.

Vienmēr mūsos ir divi, viens pret otru karojoši, spēki. Viens spēks teic mums darīt lietas, kuras mums nevajadzētu darīt; un otrs - darīt to, ko mums vajadzētu darīt, lietas, kas šķiet grūtas. Viena balss ir no ļauna, un otra - no laba, no Dieva.

Cauri grūtām ikdienas mācībām tu dažreiz skaidri redzi, ka slikti ieradumi baro nebeidzamu materiālo vēlmju koku, bet labi ieradumi baro garīgo centienu koku. Vairāk un vairāk tev vajadzētu koncentrēt savas pūles uz garīgā koka veiksmīgu nobriedināšanu tā, ka kādu dienu tu varētu iegūt nogatavojušos sevis apzināšanās augļus.

Ja tu spēj atbrīvot sevi no visu veidu sliktiem ieradumiem un ja tu esi spējīgs darīt labu, jo vēlies darīt labu, ne tikai tāpēc, ka ļaunums rada bēdas, tad tu patiešām attīsties Garā.

Tikai tad, kad tu atmet savus sliktos ieradumus, tu esi patiešām brīvs cilvēks. Kamēr vēl neesi patiess meistars, kas spējīgs likt sev darīt lietas, kas tev būtu jādara vai ko tu negribi darīt, tu neesi brīva dvēsele. *Šajā paškontroles spēkā slēpjas mūžīgās brīvības sēkla.*

Es tagad esmu minējis vairākus svarīgus panākumu raksturlielumus - pozitīvas domas, dinamisku gribu, pašanalīzi, iniciatīvu un paškontroli. Daudzas populāras grāmatas uzsver vienu vai vairākus no minētajiem raksturlielumiem, bet nespēj pietiekami novērtēt Dievišķo Spēku, kas stāv aiz tiem. *Saskaņošanās ar Dievišķo Gribu ir vissvarīgākais faktors, lai piesaistītu veiksmi.*

Dievišķā Griba ir spēks, kas virza kosmosu un visu tajā. Tā bija Dieva griba, kas ienesa zvaigznes kosmosā. Tā ir Viņa griba, kas tur planētas to orbītās un kas vada dzimšanas, augšanas un sabrukšanas ciklus visās dzīvības formās.

DIEVIŠĶĀS GRIBAS SPĒKS

Dievišķā Griba neredz robežu; tā darbojas caur likumiem - zināmiem un nezināmiem, dabiskiem un šķietami brīnumainiem. Tā var mainīt likteņa kursu, modināt mirušos, mest kalnus jūrā un radīt jaunas Saules sistēmas.

Cilvēkā, kā Dieva atspulgā, mīt šis visu paveicošais gribasspēks. Ar pareizu meditāciju[1] atklāt to, kā būt harmonijā ar Dieva Gribu, ir cilvēka augstākais pienākums.

Kļūdas vadīts cilvēks mūs maldinās, bet gudrības vadītam cilvēkam griba ir saskaņota ar Dieva gribu. Dieva plāns mums bieži tiek aizēnots ar cilvēka dzīves konfliktiem, un tā mēs zaudējam iekšējo vadību, kas varētu mūs glābt no posta bezdibeņa.

Jēzus sacīja: "Tavs prāts lai notiek." Kad cilvēks saskaņo savu gribu ar Dieva gribu, kas ir gudrības vadīta, viņš izmanto Dievišķo Gribu. Izmantojot pareizas meditācijas tehnikas, kuras senatnē attīstījuši Indijas gudrie,

---

[1] Meditācija ir tā īpašā koncentrēšanās forma, kurā uzmanība tiek atbrīvota ar zinātniskiem jogas paņēmieniem no nemiera, kas ir ķermeņa apziņas stāvoklī, un ir koncentrēta vienīgi uz Dievu. *Self-Realization Fellowship Lessons* sniedz detalizētus norādījumus šajā meditācijas zinātnē. (Izdevēja piezīme)

visi cilvēki var sasniegt pilnīgu saskaņu ar Debesu Tēva gribu.

NO PĀRPILNĪBAS OKEĀNA

———

Tāpat kā visa vara pamatojas Viņa gribā, tāpat arī visas garīgās un materiālās dāvanas plūst no Viņa neierobežotās pārpilnības. Lai saņemtu Viņa dāvanas, tev ir jāizskauž no sava prāta visas domas par ierobežojumiem un nabadzību. Universālais Prāts ir ideāls un nepazīst trūkumu. Lai sasniegtu šo nodrošinājumu, kas nekad nepiedzīvo neveiksmi, tev ir jāsaglabā pārpilnības apziņa. Pat tad, ja tu nezini, no kurienes nāks nākamais dolārs, tev vajadzētu izvairīties no bažām. Kad tu paveic savu daļu un paļaujies uz Dievu, lai Viņš veic savējo, tu piedzīvo to, ka nezināmi spēki nāk tev palīgā un ka tavas konstruktīvās vēlmes drīz piepildās. Šī uzticēšanās un pārpilnības apziņa tiek sasniegtas ar meditāciju.

Tā kā Dievs ir visa garīgā spēka, miera un labklājības avots, vispirms sazinies ar Dievu un tad vēlies un rīkojies. Tādējādi tu vari izmantot savu gribu un darbošanos, lai sasniegtu visaugstākos mērķus. Tā kā tu nevari sazināties ar salauztu mikrofonu, tu nevari sūtīt lūgšanas ar garīgo mikrofonu, kas ir nemiera traucēts. Ar dziļu mieru tev vajadzētu salabot savu prāta mikrofonu un palielināt savas intuīcijas uztveri. Tādējādi tu spēsi efektīvi Viņam raidīt un saņemt Viņa atbildes.

MEDITĀCIJAS VEIDS

Pēc tam, kad esi salabojis savu garīgo radio un esi mierīgi noskaņots uz konstruktīvām vibrācijām, kā gan to izmantot, lai sasniegtu Dievu?

Šis veids ir pareizā meditācijas metode.

Ar koncentrēšanās spēku un meditāciju tu vari virzīt sava prāta neizsmeļamo spēku, lai paveiktu to, ko tu vēlies, un nosargātu visus ceļus pret neveiksmēm. Visi veiksmīgie gan vīrieši, gan sievietes velta daudz laika dziļai koncentrācijai. Tie spēj dziļi ienirt sava prāta dzīlēs un atrast pareiza risinājuma pērles problēmām, kas stājas viņiem pretī. Ja tu iemācīsies to, kā atraut savu uzmanību no visiem tiem objektiem, kas to novērš un novirzīt uz vienu koncentrēšanās objektu, arī tu zināsi, kā pēc savas gribas piesaistīt jebko, kas tev nepieciešams.

Pirms uzsākt nozīmīgus pasākumus, pasēdi klusu, nomierini savas sajūtas un domas un dziļi meditē. Tad tu tiksi lielā radošā Gara spēka vadīts. Pēc tam tev vajadzētu izmantot visus nepieciešamos materiālos līdzekļus, lai sasniegtu savu mērķi.

Lietas, kas tev ir nepieciešamas dzīvē, ir tās, kas palīdzēs sasniegt tavu galveno mērķi. Lietas, kuras tu varētu *vēlēties*, taču, kuras nav *nepieciešamas*, var aizvest tevi prom no šī mērķa. Tikai tad, kad viss kalpo tavam galvenajam mērķim, tiek sasniegti panākumi.

PANĀKUMI IR VĒRTĒJAMI AR LAIMI

Apsver, vai mērķa īstenošana, kuru esi izvēlējies, izraisīs panākumus. Kas *ir* panākumi? Ja tev ir veselība un labklājība, bet tev ir problēmas ar visiem (ieskaitot sevi), tava dzīve nav veiksmīga. Esība kļūst bezjēdzīga, ja tu nevari atrast laimi. *Kad bagātība ir zaudēta, tu esi zaudējis nedaudz, kad veselība ir zaudēta, tu esi zaudējis ko svarīgu, bet kad tiek zaudēts*

22

prāta miers, tu esi zaudējis vislielāko dārgumu.

Tādēļ veiksme būtu jāmēra, vadoties pēc laimes; ar tavu spēju saglabāt mierpilnu saskaņu ar kosmiskajiem likumiem. Veiksmi nav pareizi mērīt pēc pasaulīgiem bagātības, prestiža un varas standartiem. Neviens no šiem nedāvā laimi, ja vien tie netiek pareizi izmantoti. Lai izmantotu tos pareizi, tev jābūt tādam, kam piemīt gudrība, Dieva un cilvēku mīlestība.

Dievs neapbalvo vai nesoda tevi. Viņš ir devis tev varu atalgot vai sodīt sevi pašu ar saprāta un gribasspēka pareizu vai nepareizu izmantošanu. Ja tu pārkāp veselības, labklājības un gudrības likumus, tev neizbēgami jācieš no slimības, nabadzības un nezināšanas. Tomēr tev vajadzētu stiprināt savu prātu un atteikties nest garīgo un morālo vājumu slogu, kas iegūts iepriekšējos gados; sadedzināt tos tavu pašreizējo dievišķo apņemšanos un pareizo aktivitāšu liesmās. Ar šo konstruktīvo attieksmi tu panāktu brīvību.

Laime, zināmā mērā, ir atkarīga no ārējiem apstākļiem, bet galvenokārt no garīgās attieksmes. Lai tu būtu laimīgs, tev nepieciešama laba veselība, ļoti nosvērts prāts, pārtikusi dzīve, īsts darbs, pateicīga sirds, un, galvenais, gudrība, kas ir zināšanas par Dievu.

Stingra apņēmība būt laimīgam, tev palīdzēs. Negaidi, lai mainītos apstākļi, kuros tu esi nonācis, kļūdaini domājot, ka tajos slēpjas nelaimes. Nepadari nelaimi par hronisku ieradumu, tādējādi liekot ciest sev un tev apkārt esošajiem. Tā ir svētība tev un citiem, ja esi laimīgs. Ja tev piemīt laime, tev ir viss; būt laimīgam, tas ir būt saskaņā ar Dievu. Šī spēja būt laimīgam, nāk caur meditāciju.

LIEC DIEVA SPĒKU SAVU CENTIENU PAMATĀ

———

Atbrīvo konstruktīviem mērķiem spēku, kas tev jau ir, un tas vēl vairāk nāks klāt. Virzies pa savu ceļu ar nesatricināmu apņēmību, izmantojot visas panākumu īpašības. Saskaņo sevi ar radošo Gara spēku. Tu būsi sadarbībā ar Bezgalīgo Gudrību, kas spēj vadīt tevi un atrisināt visas problēmas. Enerģija no tavas būtības aktīvā Avota plūdīs nepārtraukti, tādējādi tu varēsi izpausties radoši jebkurā darbības sfērā.

Tev vajadzētu pasēdēt klusumā, pirms izšķiries par jebkuru svarīgu jautājumu, lūdzot Tēvam Viņa svētību. Tad tava spēka pamatā ir Dieva spēks, tava prāta pamatā ir Viņa prāts; tavas gribas pamatā - Viņa griba. Kad Dievs strādā kopā ar tevi, tev nevar neizdoties; katra spēja, kura tev piemīt, pieņemsies spēkā. Kad tu dari savu darbu ar domu, ka kalpo Dievam, tu saņem Viņa svētību.

Ja tavs darbs šajā dzīvē ir pieticīgs, nav par to jāattaisnojas. Esi lepns, jo tu izpildi pienākumu, kurš ir Tēva dots. Viņam vajag tevi tavā konkrētajā vietā; visi cilvēki nevar spēlēt vienādas lomas. Tik ilgi, kamēr tu strādā, lai iepriecinātu Dievu, visi kosmiskie spēki vienoti tev palīdzēs.

Kad tu pārliecināsi Dievu, ka tu vēlies Viņu par visu vairāk, tu tiksi saskaņots ar Viņa gribu. Ja tu turpināsi meklēt Viņu, neskatoties uz to, kādi šķēršļi rodas, kas ved tevi prom no Viņa, tu izmanto savu cilvēka gribu tās viskonstruktīvākajā veidā. Tu tādējādi iedarbināsi panākumu likumu, kas bija pazīstams jau senajiem gudrajiem un kuru izprot visi cilvēki, kuri ir sasnieguši patiesus panākumus. Dievišķais spēks ir tavējais, ja tu pārliecinoši centies izmantot to, lai sasniegtu veselību, laimi un mieru. Tajā brīdī,

kad tu pieņem šos mērķus, tu nostājies uz paš-
realizācijas ceļa - pretī tavām patiesajām mājām
- Dievā.

APLIECINĀJUMS

———

Debesu Tēvs, es domāšu, es gribēšu, es darbo-
šos; bet Tu vadi manu domu, gribu un darbu uz
to pareizo lietu, kas man būtu jādara.

PAR AUTORU

Paramahansa Jogananda (1893.-1925.) tiek uzskatīts par vienu no mūsu laika vadošajām garīgajām personībām. Dzimis Indijas ziemeļos, viņš 1920. gadā devās uz ASV. Nākamos trīs gadu desmitus viņš veltīja, lai plašā mērogā Rietumos mācītu padziļināti apzināties un novērtēt seno Austrumu gudrību - ar saviem rakstiem, plašiem lekciju izbraukumiem, kā arī izveidojot daudzus Self-Realization Fellowship tempļus un meditācijas centrus. Viņa apbrīnojamais dzīves stāsts, *Autobiography of a Yogi*, kā arī viņa daudzās citas grāmatas un viņa visaptverošo nodarbību kopums pašmācībai, ir iepazīstinājis miljonus ar Indijas seno zinātni par meditāciju un metodēm, kā panākt līdzsvarotu ķermeņa, prāta un dvēseles labklājību. Paramahansa Joganandas garīgais un humānais darbs tiek šodien veikts Self-Realization Fellowship[1] starptautiskajā sabiedrībā, kuru viņš nodibināja 1920. gadā, lai

---

[1] Burtiski, „Pašrealizācijas brālība". Paramahansa Jogananda skaidroja, ka nosaukums Pašrealizācijas brālība nozīmē „brālība ar Dievu caur pašrealizāciju un draudzība ar visām patiesību meklējošām dvēselēm". Skatīt arī „Self-Realization Fellowship mērķi un ideāli".

izplatītu viņa mācību visā pasaulē. Self-Realization Fellowship pašreizējais prezidents un garīgais vadītājs ir Brother Chidananda.

PARAMAHANSAS JOGANANDAS GRĀMATAS LATVIEŠU VALODĀ

Joga autobiogrāfija

Veiksmes likums

PARAMAHANSAS JOGANANDAS GRĀMATAS ANGĻU VALODĀ

Pieejams grāmatnīcās vai tieši no izdevēja:

Self-Realization Fellowship
3880 San Rafael Avenue
Los Angeles, California 90065-3219
Tel. (323) 225-2471 • Fax (323) 225-5088
www.srfbooks.org

Autobiography of a Yogi

The Second Coming of Christ:
The Resurrection of the Christ Within You
Skaidrojoši komentāri par sākotnējām Jēzus
mācībām.

God Talks with Arjuna; The Bhagavad Gita
Jauns tulkojums ar komentāriem.

Man's Eternal Quest
I Sējums Paramahansas Joganandas lekcijas un
neoficiālās runas.

The Divine Romance
II Sējums Paramahansas Joganandas lekcijas,
neoficiālās runas un esejas.

Journey to Self-Realization
III Sējums Paramahansas Joganandas lekcijas un
neoficiālās runas.

Wine of the Mystic:
*The Rubaiyat of Omar Khayyam –
A Spiritual Interpretation*
Iedvesmojoši komentāri, kas izgaismo mistisko
zinātni par Dieva saziņu, kas paslēpta Rubaju
mīklainajā tēlainībā.

Where There Is Light:
Insight and Inspiration for Meeting Life's Challenges

Whispers from Eternity
Paramahansas Joganandas lūgšanu krājums un
dievišķās pieredzes attīstītas meditācijas stāvokļos.

The Science of Religion

The Yoga of the Bhagavad Gita
*An Introduction to India's Universal Science of
God-Realization*

The Yoga of Jesus:
Understanding the Hidden Teachings of the Gospels

In the Sanctuary of the Soul:
A Guide to Effective Prayer

Inner Peace:
How to Be Calmly Active and Actively Calm

To Be Victorious in Life

Why God Permits Evil and How to Rise Above It

Living Fearlessly:
Bringing Out Your Inner Soul Strength

How You Can Talk With God

Metaphysical Meditations
Vairāk nekā 300 garīgi iedvesmojošas meditācijas,
lūgšanas un apliecinājumi.

Scientific Healing Affirmations
Paramahansa Jogananda šeit piedāvā dziļu
skaidrojumu zinātnei par apliecinājumiem.

Sayings of Paramahansa Yogananda
Izteicienu krājums un gudri padomi, kas izklāsta
Paramahansas Joganandas vaļsirdīgas un mīlošas
atbildes tiem, kas vērsās pie viņa pēc norādījumiem.

Songs of the Soul
Paramahansas Joganandas mistiskā dzeja.

The Law of Success
Izskaidro iedarbīgus principus, kas palīdz sasniegt
dzīves mērķus.

Cosmic Chants
Vārdi (angļu valodā) un mūzika 60 pielūgsmes
dziesmām ar skaidrojošu ievadu par to, kā garīga
daudzināšana spēj novest pie sazināšanās ar Dievu.

PARAMAHANSAS JOGANANDAS AUDIO IERAKSTI

Beholding the One in All

The Great Light of God

Songs of My Heart

To Make Heaven on Earth

Removing All Sorrow and Suffering

Follow the Path of Christ, Krishna, and the Masters

Awake in the Cosmic Dream

Be a Smile Millionaire

One Life Versus Reincarnation

In the Glory of the Spirit

Self-Realization: The Inner and the Outer Path

DVD (dokumentāla filma)

AWAKE:
The Life of Yogananda
Godalgota dokumentālā filma par Paramahansas
Jogonandas dzīvi un darbu.

SELF-REALIZATION FELLOWSHIP CITAS PUBLIKĀCIJAS

Pilnīgs katalogs, kur sniegti apraksti visām Pašrealizācijas brālības publikācijām un audio/video ieraksti, kas pieejami pēc pieprasījuma.

The Holy Science
autors Swami Sri Yukteswar

Only Love:
Living the Spiritual Life in a Changing World
autors Sri Daya Mata

Finding the Joy Within You:
Personal Counsel for God-Centered Living
autors Sri Daya Mata

God Alone
The Life and Letters of a Saint
autors Sri Gyanamata

"Mejda"
The Family and the Early Life of
Paramahansa Yogananda
autors Sananda Lal Ghosh

Self-Realization
(ceturkšņa žurnāls, kuru dibinājis Paramahansa
Jogananda 1925.g.)

SELF-REALIZATION FELLOWSHIP NODARBĪBAS

Meditācijas zinātniskās metodes, kuras mācīja Paramahansa Jogananda, ieskaitot Krija Jogu – kā arī viņa norādījumus visos līdzsvarotajos garīgās dzīves aspektos – ir atrodamas Self-Realization Fellowship Lessons.

Lūdzu apmeklējiet www.srflessons.org lai pieprasītu visaptverošu bezmaksas informācijas paketi, kurā ieskaitīts:

- "Pārskats par Self-Realization Fellowship Lessons: Informācija par Paramahansas Joganandas pašmācības kurss."

- Paramahansas Joganandas "Augstākie sasniegumi caur pašrealizāciju - padziļināts ievads par mācībām kuras pasniegtas kā SRF Lessons."

SELF-REALIZATION
FELLOWSHIP MĒRĶI UN
IDEJAS

Kā noteicis Paramahansa Jogananda, dibinātājs
Brother Chidananda, prezidents

Izplatīt starp tautām zināšanas par konkrētām zinātniskām metodēm, ar kurām sasniegt tiešu personīgo Dieva pieredzi.

Mācīt, ka dzīves mērķis ir attīstība no cilvēka ierobežotās mirstīgās apziņas uz Dieva apziņu, kas panākama ar paša spēkiem; un šim nolūkam izveidot Self-Realization Fellowship tempļus Dieva brālībai visā pasaulē, un lai mudinātu izveidot personiskus Dieva tempļus mājās un cilvēku sirdīs.

Lai atklātu pilnīgu harmoniju un vienotību ar kristietību tās pirmssākumos, pašos pamatos, kā mācīja Jēzus Kristus un oriģinālo Jogu, kā mācīja Bhagavāns Krišna; un parādīt, ka šie patiesības principi ir kopīgais zinātniskais pamats visām patiesajām reliģijām.

Norādīt vienu dievišķo lielceļu, uz kuru visi patiesie reliģiskie uzskatu ceļi galu galā noved: uz ikdienas, zinātniskās, garīgās meditācijas lielceļa uz Dievu.

Lai atbrīvotu cilvēku no viņa trīskāršajām ciešanām: ķermeņa slimības, prāta nelīdzsvarotības un garīgās nezināšanas.

Lai veicinātu "vienkāršu dzīvošanu un augstu domāšanu"; un lai izplatītu brālības garu starp visām tautām, mācot viņu vienotības mūžīgo pamatu: radniecību ar Dievu.

Lai parādītu prāta pārākumu pār ķermeni, dvēseles pārākumu pār prātu.

Lai pārspētu ļaunumu ar labu, bēdas ar prieku, nežēlību ar labestību, nezināšanu ar gudrību.

Vienot zinātni un reliģiju ar izpratni par to pamatprincipu vienotību.

Iestāties par kultūras un garīgo sapratni starp Austrumiem un Rietumiem, un to vislabāko raksturīgo iezīmju apmaiņu.

Kalpot cilvēcei ar savu visaugstāko Būtību.